Rosenknospe Seite 10

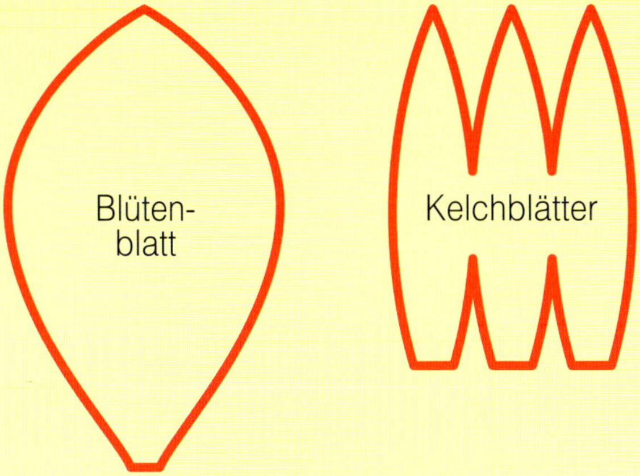

Blumenstrauß Seite 12

Bleistiftblumen Seite 16

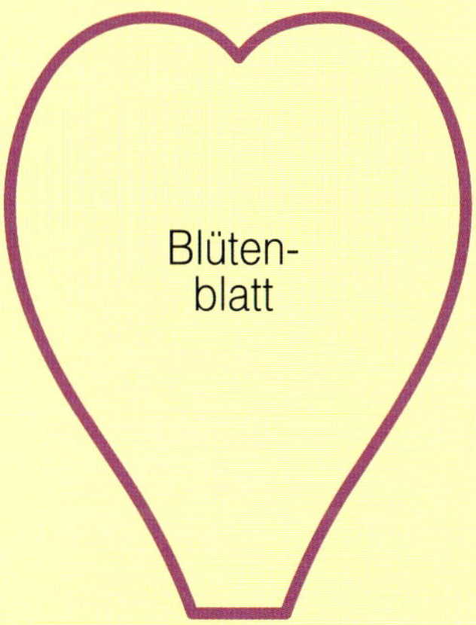

Mini-Oase Seite 18

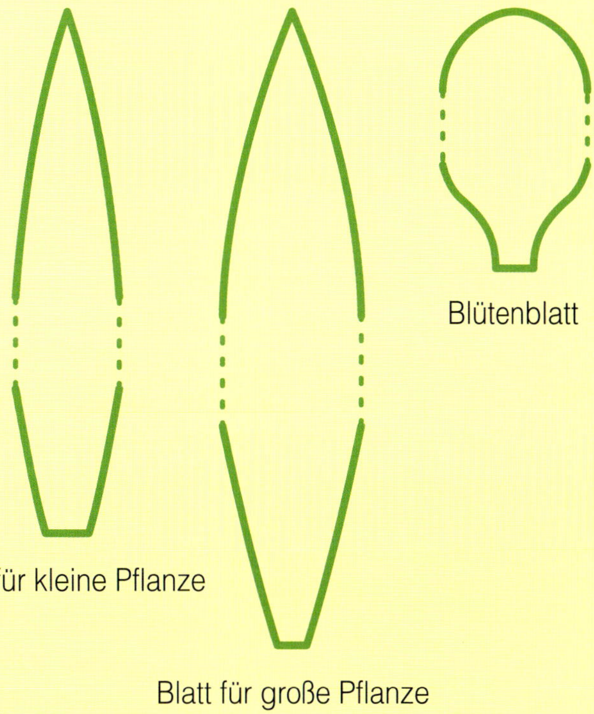

Autor und Herausgeber danken der Firma Clairefontaine für die Bereitstellung des Papiers, aus dem all diese Modelle gebastelt wurden.

Titel der französischen Ausgabe:
Les activités Fleurus. Papier crépon
Fotos: Bertrand Mussotte
Illustrationen: Nathalie Weinzaepflen
Redaktion und Produktion der deutschen Ausgabe:
akapit Verlagsservice, Berlin – Saarbrücken
Übersetzung aus dem Französischen:
Dagmar Mallett (für akapit Verlagsservice)

ISBN 3-89717-237-2
Printed in Belgium

10 9 8 7 6 5 4 3 2 1

FLEURUS KREATIV

BASTELN MIT KREPP-PAPIER

Marie Chevalier

FLEURUS VERLAG

Tipps und Materialien

Das Krepp-Papier

Krepp-Papier gibt es in 50 cm breiten Rollen. Du solltest beim Kauf auf gute Qualität und Griffigkeit achten und darauf, dass es sowohl weich als auch fest und stark ist, damit du es verdrehen, falten, rollen und auseinander ziehen kannst. Du findest es in Kaufhäusern, Schreibwaren- und Bastelgeschäften in vielen matten und metallischen Farben.

Laufrichtung des Papiers

Beim Ausschneiden der Modelle musst du auf die Laufrichtung der Papierfasern achten. Übertrage die Vorlagen immer in Laufrichtung der Falten auf das Krepp-Papier.

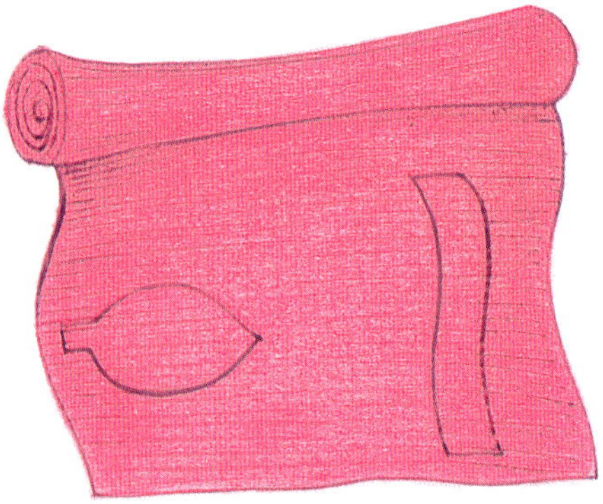

Das Papier „aushöhlen“

Um in ein Blatt oder ein anderes Stück Krepp eine Vertiefung zu drücken, spanne es leicht und drücke es mit den Daumen ein.

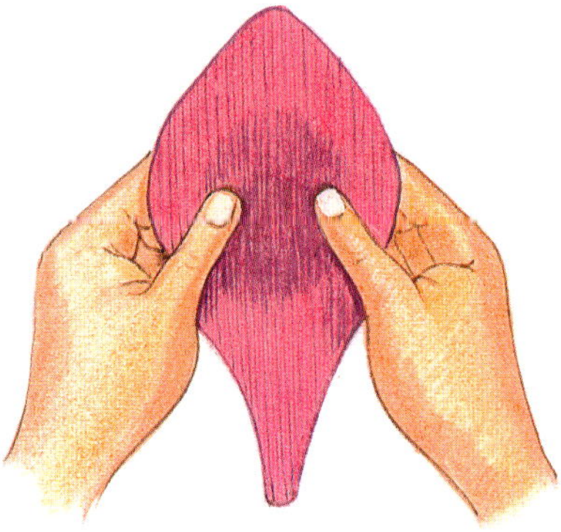

Fransen

Mit einer Schere schneidest du sehr schmale Streifen in das Papier.

Weiteres Material

Klebstoff

Nimm flüssigen weißen oder durchsichtigen Klebstoff, den du überall in kleinen Plastikflaschen kaufen kannst. Dieser Papierklebstoff macht keine Flecken.

Was du sonst noch brauchst

Halte auch eine Schere, eine kleine Kneifzange für den Draht, Cutter, Watte, festes Nähgarn, Stecknadeln, Filzstifte, Stoffbänder, Papprollen usw. bereit.

Achtung!
Wenn du mit der Kneifzange oder mit dem Cutter arbeitest, sollte dir ein Erwachsener helfen.

Blumenband

Dieses meist grüne, selbstklebende, 12 mm breite Band gibt es als Rolle in Gartenmärkten oder in Bastelgeschäften zu kaufen. Damit umwickelst du die Blumenstiele. Wenn du keines finden kannst, schneidest du Streifen aus grünem Krepp-Papier und klebst sie um die Stiele herum.

Dünner Blumendraht

Für die Stängel und um Blätter zu befestigen brauchst du dünnen Blumendraht. Du findest ihn aufgerollt in Bau- und Bastelmärkten oder bei Floristen als schon fertig zugeschnittene Stängel.

Verwendung der Vorlagen

Die abgebildete Vorlage paust du durch und überträgst sie auf Tonkarton. Dann schneidest du die Form aus, legst sie auf das Krepp-Papier und zeichnest den Umriss darauf ab. Beschrifte die Schablonen (Name der Form, Blüten- oder Kelchblatt usw.), damit du sie wieder verwenden kannst. Alle Vorlagen sind in Originalgröße abgebildet.

Einfache Vorlage

Diese am meisten gebrauchte Vorlage wird an den Umrisslinien entlang ganz ausgeschnitten. Es entsteht eine einzelne Form.

Vorlagen für eine ganze Reihe

Bei diesen Vorlagen findest du gestrichelte Linien. Falte einen Streifen Krepp-Papier mehrmals auf die Breite der Vorlage übereinander und schneide alle Schichten gleichzeitig aus, nur nicht an der gestrichelten Linie entlang. Wenn du das Krepp-Papier auseinander faltest, hast du eine Reihe zusammenhängender Blütenblätter.

Meeresmobile

Material

- Krepp-Papier
- 40 cm beschichtetes Elektrokabel
- Nähgarn
- Klebstoff
- Schere
- Kneifzange
- kleine Wackelaugen
- Filzstift
- Vorlage von Seite 2

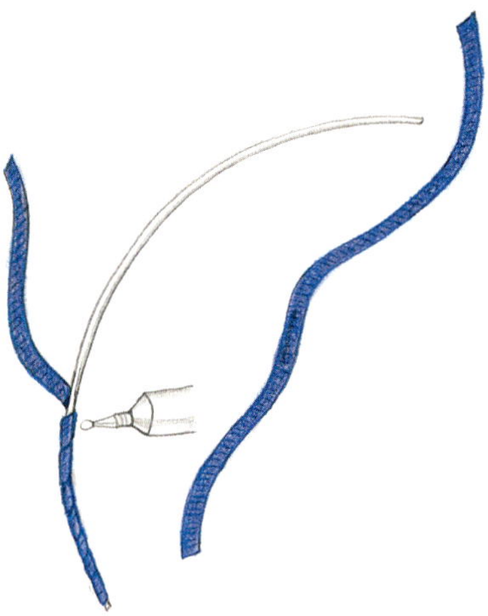

1 Forme aus dem Elektrokabel einen Halbkreis. Schneide 2 je 3 x 30 cm große Streifen aus dunkelblauem Krepp-Papier aus. Beklebe und umwickle das Kabel von beiden Enden her mit je einem Streifen bis zur Mitte, wo du sie zusammenklebst.

2 Übertrage für jede Form die Vorlage 2-mal auf Krepp-Papier. Schneide sie aus. Klebe den Fischen Wackelaugen an oder male sie mit Filzstift auf.

3 Schneide 2 je 30 cm lange Fäden und einen 50 cm langen Faden ab. Lege den Faden zwischen je 2 Formen, die du dann genau aufeinander klebst.

4 Fische und Algen sollten sich auf jedem der drei Fäden abwechseln, die du an den Bogen knotest. Beim mittleren Faden lässt du 10 cm überstehen, um daran das Mobile aufzuhängen.

5 Schneide 50 cm lange wellenförmige Bänder aus. Klebe oben an jedes Band einen 10 cm langen Faden und darauf ein Stückchen Krepp-Papier, um ihn zu verdecken. An diesen Fäden knotest du die Wellen an das Mobile.

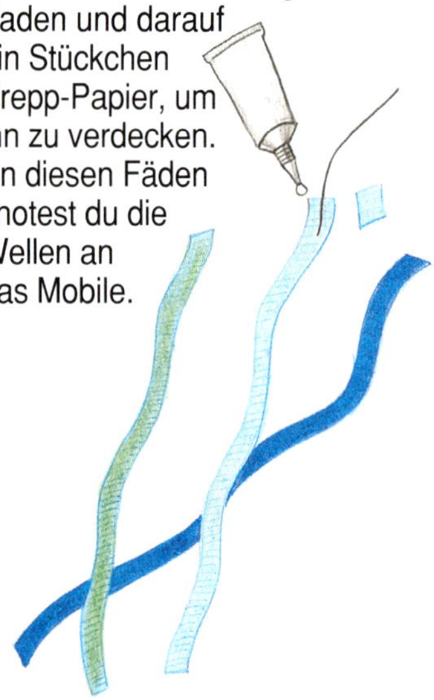

Frühlingssträuße

Material
- Krepp-Papier
- dünner Blumendraht
- Nähgarn
- grünes Blumenband (oder Krepp-Papier)
- Watte
- Klebstoff
- Schere
- Band
- Vorlagen von Seite 3

Rosenknospen

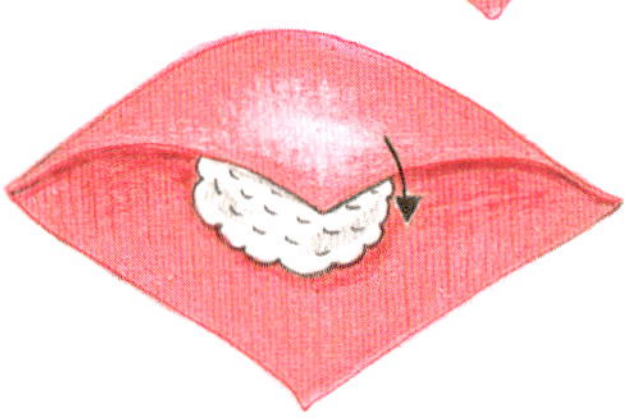

1 Schneide aus rosafarbenem oder hellgelbem Krepp-Papier ein 7 x 7 cm großes Quadrat aus. Lege einen Wattebausch darauf und falte es zu einem Dreieck zusammen.

2 Falte die Seitenspitzen nach innen auf die mittlere, wo du dann alle 3 Spitzen mit Draht (15 cm) zusammenbindest.

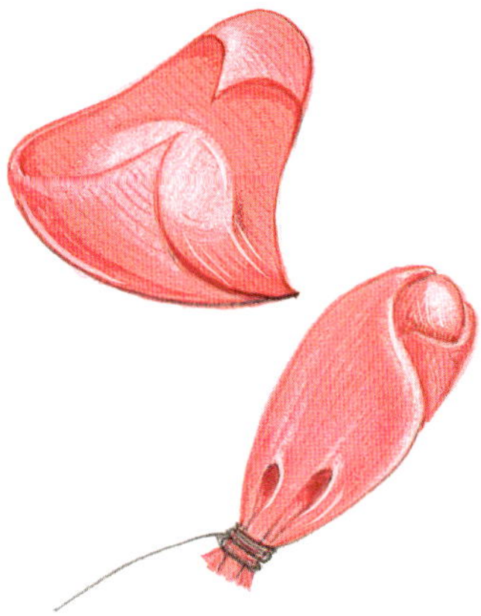

3 Mithilfe der Vorlage schneidest du 3 Blütenblätter zu. Höhle sie aus (s. Seite 6), klebe sie in gleichen Abständen um die Knospenmitte und binde sie mit Garn zusammen.

4 Übertrage die Vorlage für die drei Kelchblätter, schneide sie aus und klebe sie um die Knospe. Binde sie mit Blumendraht fest.

5 Umwickle den Stängel mit Blumenband. So stellst du 8 Rosen her.

Frühlingssträuße

Blumensträuße

1 Für die Blütenmitte nimmst du einen 2 x 15 cm großen Streifen Krepp-Papier, schneidest schmale Fransen hinein, rollst ihn auf und bindest ihn unten mit 15 cm Blumendraht zusammen.

2 Falte einen 3 x 8 cm großen Streifen Krepp-Papier 3-mal übereinander, übertrage die Blütenblattvorlage und schneide alle vier Schichten gleichzeitig aus.

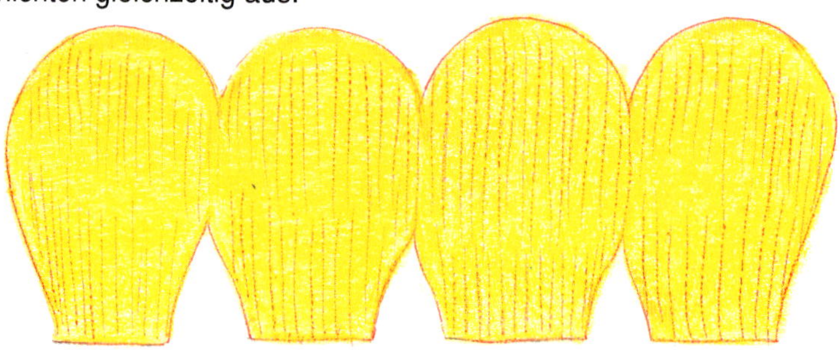

3 Die Kelchblätter bastelst du auf die gleiche Weise mit einem 3 x 6 cm großen grünen Krepp-Papierstreifen.

4 Klebe die Streifen um die Blütenmitte und ordne die Blüten- und Kelchblätter versetzt an. Binde sie mit Draht zusammen.

5 Umwickle den Stängel mit Blumenband. Stelle so 8 Blumen her.

6 Schneide mithilfe einer Vorlage 4 große Blätter zu und lege sie um die Blumen herum. Binde alles mit einem hübschen Band zusammen.

Bunte Männchen

Material

- Krepp-Papier
- Papprollen (z. B. von Toiletten- oder Küchenpapier)
- Tonkarton
- Klebstoff
- Cutter
- Zackenschere
- Watte
- Nähgarn
- schmales Band

Körper

1 Bitte einen Erwachsenen, dir 7 bis 12 cm lange Papprollen zurechtzuschneiden. Schneide das Krepp-Papier so zu, dass es die Rollen bedeckt und an beiden Seiten je 3 cm übersteht.

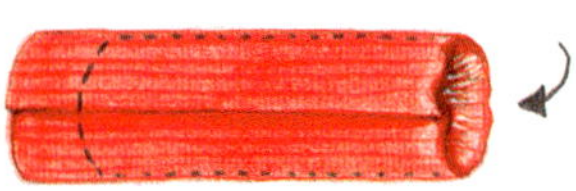

2 Wickle das Papier um die Rollen, klebe Anfang und Ende fest und schlage die beiden überstehenden Enden nach innen ein.

3 Für Augen, Nase und Mund schneide kleine Stücke Krepp-Papier aus und klebe sie auf. Du kannst sie auch mit Filzstift aufmalen.

Frisuren

1 Lege 2 je 23 x 27 cm große Krepp-Papierstücke aufeinander, franse sie auf beiden Seiten aus. Ein mittlerer Streifen bleibt stehen.

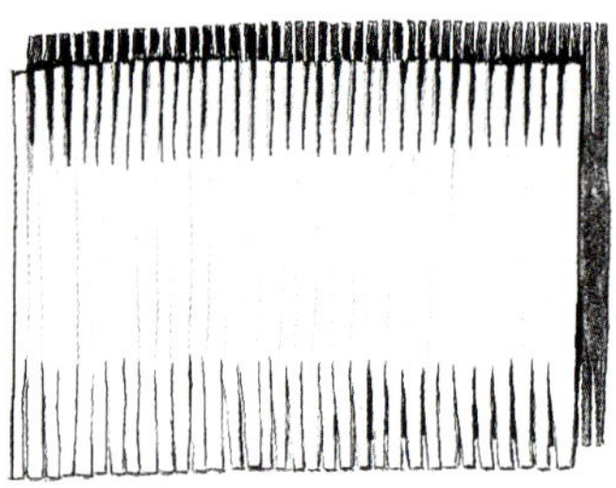

2 Rolle die Streifen auf, falte sie auf die Hälfte und stecke sie in die Rolle.

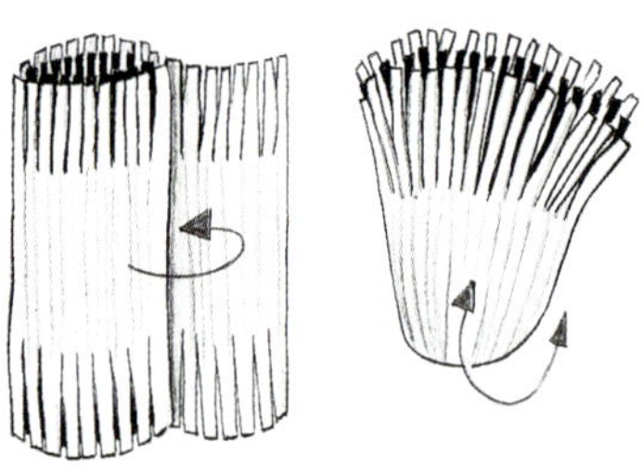

3 Schneide für den Haarknoten ein 15 x 15 cm großes Quadrat zu. Lege einen Wattebausch darauf, raffe das Papier und binde es mit einem Faden zusammen. Stecke die eine oder die andere Seite des Knotens in die Rolle.

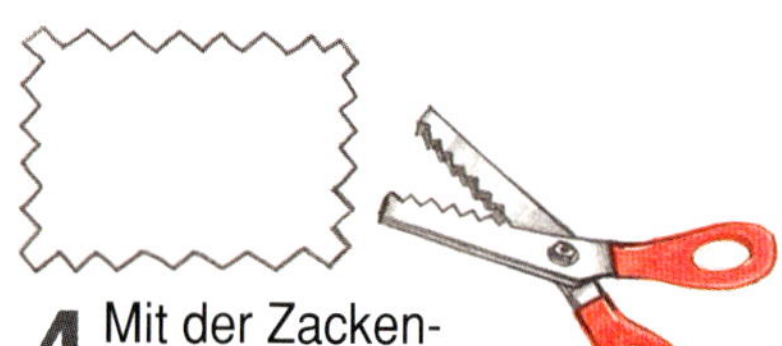

4 Mit der Zackenschere schneidest du aus Tonkarton ein Etikett, auf das du den Namen des Männchens schreibst, und klebst es an.

Bleistiftblumen

Material
- Krepp-Papier
- Holzbleistifte
- Blumenband
- Nähgarn
- Klebstoff, Schere
- Vorlage von Seite 3

1 Schneide einen 2 x 10 cm großen Streifen Krepp-Papier für die Blütenmitte zu und schneide schmale Fransen hinein. Klebe und wickle ihn um das Bleistiftende herum.

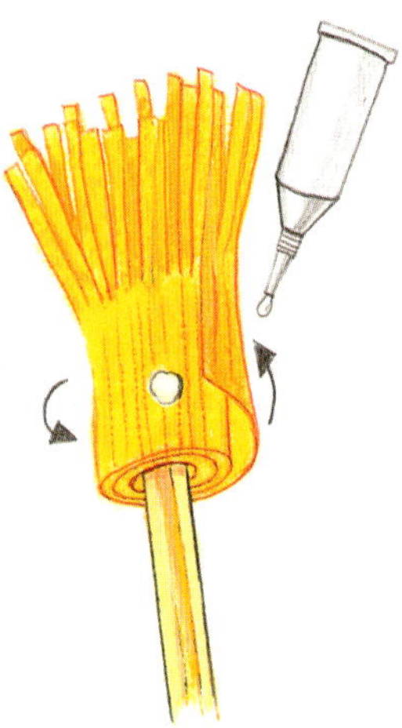

2 Binde Nähgarn locker um den unteren Teil der Blütenmitte herum. Knote es nicht fest zu.

3 Fertige mithilfe der Vorlage 4 Blütenblätter an. Klebe das erste auf den Stift und binde es fest.

4 Dann klebst du das zweite Blatt gegenüber auf und bindest es fest. Auf die gleiche Weise befestigst du die 2 letzten Blätter und machst einen Knoten.

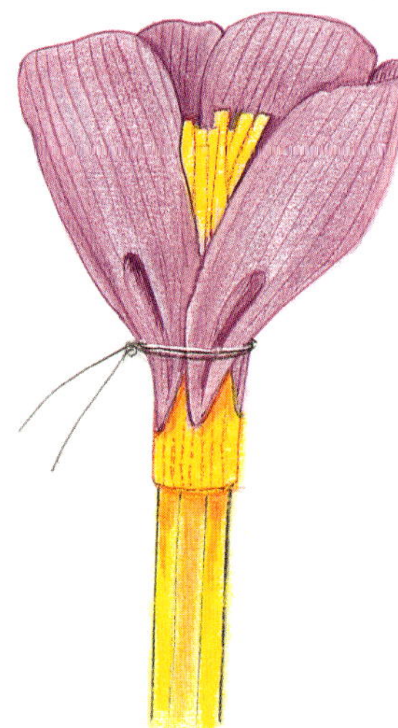

5 Schneide den Fadenrest ab und umwickle die Blüte unten mit Blumenband. Du kannst sie auch mit einem Streifen aus grünem Krepp-Papier bekleben.

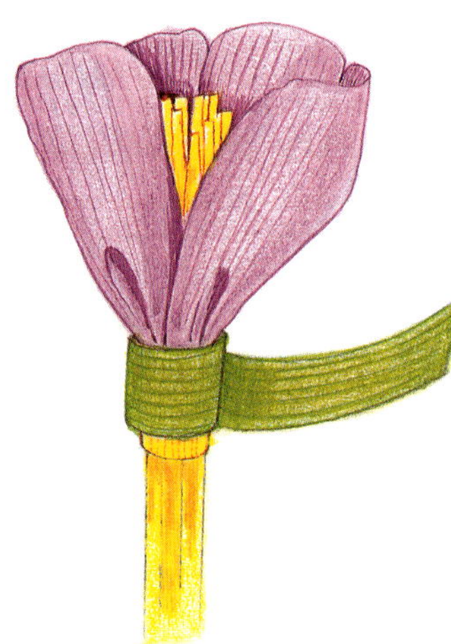

Mini-Oase

Material
- Krepp-Papier
- Nähgarn
- Blumenband (oder grünes Krepp-Papier)
- Holzstiele
- Klebstoff
- rechteckiger Blumenkasten
- Sand
- kleine Steinchen
- (Blumen-)Steckschwamm
- Papprolle
- Cutter
- Vorlage von Seite 3

Palmen

1 Übertrage 24-mal die Blattvorlage auf grünes Krepp-Papier und schneide sie aus. Klebe jeweils 2 zusammen und du erhältst 12 Blätter.

2 Falte jedes Blatt längs auf die Hälfte und schneide schmale Fransen in den Rand, aber nicht bis zur Falte! Lasse 1 cm am Stielansatz ungefranst.

3 Bitte einen Erwachsenen, dir einen 20 cm langen Holzstiel zuzuschneiden. Klebe dein erstes Blatt oben an den Stiel und binde es mit Nähgarn fest.

4 Die anderen Blätter befestigst du ebenso. Erst wenn du jedes Blatt festgebunden hast, verknotest du den Faden.

5 Umwickle die Blattansätze und den ganzen Stiel mit Blumenband. Auf diese Weise stellst du 2 Palmen her.

Mini-Oase

Bananenstaude

1 Übertrage die Blattvorlage 10-mal auf dunkelgrünes und 6-mal auf hellgrünes Krepp-Papier. Schneide sie aus und klebe sie paarweise zusammen. So bekommst du 8 Blätter (5 dunkle und 3 helle).

2 In jedes Blatt schneidest du mit der Schere 1 cm tiefe Kerben.

3 Bitte einen Erwachsenen, dir einen 13 cm langen Holzstiel zuzuschneiden. Klebe dein erstes hellgrünes Blatt darauf und binde es mit Nähgarn fest.

4 Befestige so alle 3 hellgrünen Blätter und verknote den Faden. Umwickle die Blattansätze mit Blumenband.

5 Dann befestigst du etwas tiefer die dunkelgrünen Blätter ebenso. Umwickle Blätter und Stiel mit Blumenband wie auf dem Bild.

Büsche

1 Für die großen Büsche faltest du 2 je 9 x 20 cm große Krepp-Papierstreifen 9-mal (10 Schichten). Übertrage die Blattvorlage auf jeden Streifen und schneide alle 10 Schichten aus. Falte die 2 Reihen auseinander.

2 Rolle die erste Blätterreihe zusammen, klebe sie unten mit einem Tropfen Klebstoff zusammen und binde Nähgarn darum herum. Rolle die zweite Reihe um die erste und befestige sie genauso.

3 Umwickle den unteren Teil des Busches mit Blumenband und stelle mit der kleineren Blattvorlage auf die gleiche Weise weitere Büsche her.

Blüten

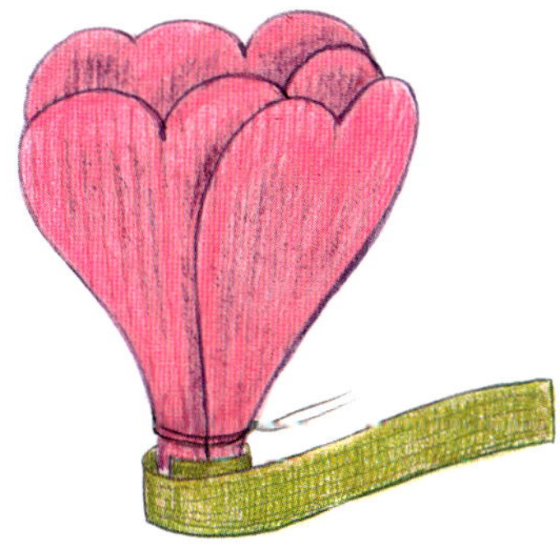

1 Falte einen 4 x 20 cm großen Streifen aus rosafarbenem Krepp-Papier 7-mal zu 8 Schichten zusammen. Übertrage die Vorlage auf die oberste Schicht und schneide alle zusammen aus. Falte den Streifen zu einer Blätterreihe auseinander.

2 Höhle die Blütenblätter leicht aus (s. Seite 6) und rolle die Blätterreihe wie rechts abgebildet auf.

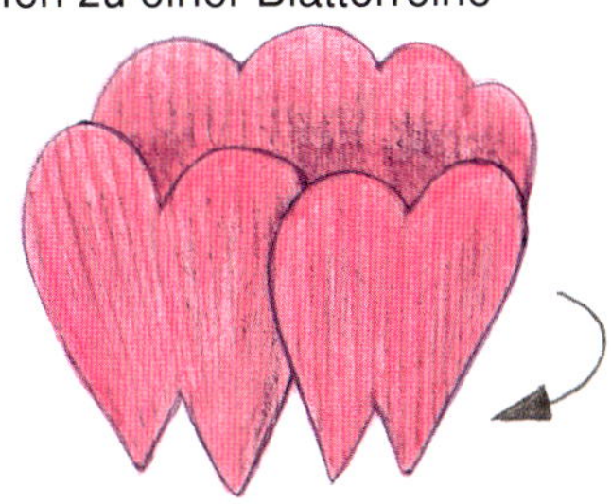

3 Unten klebst du die Blätter mit etwas Klebstoff zusammen. Du umwickelst sie zuerst mit Nähgarn und dann mit Blumenband.

Zusammenbau

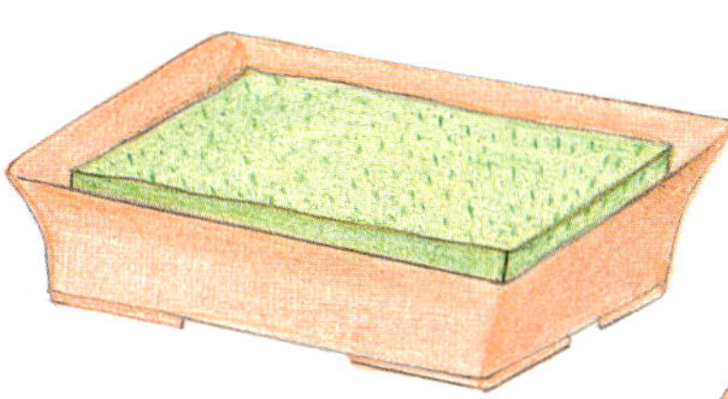

1 Lege einen passend zugeschnittenen Steckschwamm in deinen Blumenkasten und bedecke ihn mit Sand und Steinchen.

2 Mit einem Bleistift machst du Löcher, in die du die Pflanzen hineinsteckst. Die Blüten setzt du in die Mitte des Blattwerks oder direkt in den Steckschwamm.

Abwandlung
Blumentopf
Bitte einen Erwachsenen, dir mit einem Cutter eine 4 cm lange Papprolle zuzuschneiden. Beziehe sie mit Krepp-Papier und setze eine Pflanze hinein.

Windlichter

Material
- Krepp-Papier
- Glasgefäße
- dünner Blumendraht
- dünne Schnur oder Bast
- Klebstoff
- Schere
- Filzstift
- Vorlagen von Seite 46

Windlicht mit Schmetterling

1 Miss mit einem Faden den Umfang des unteren Teils deines Gefäßes aus und schneide einen 4 cm breiten grünen Krepp-Papierstreifen in dieser Länge zu. Schneide bis zur Mitte schmale Fransen hinein.

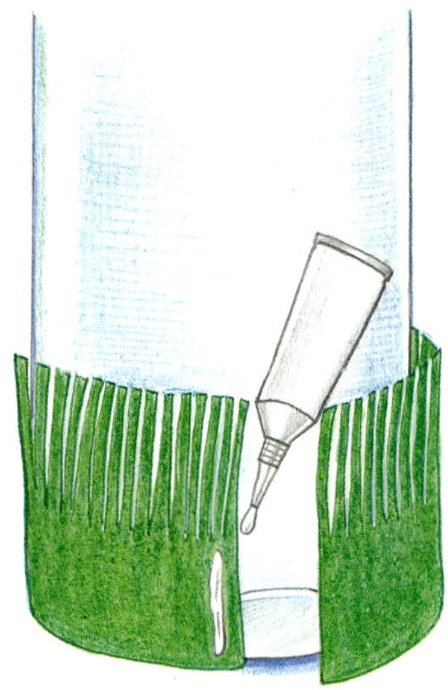

2 Rolle den Streifen unten um das Gefäß herum und klebe ihn am Anfang und am Ende mit nur wenig Klebstoff fest.

3 Aus Krepp-Papier schneidest du 5 rosafarbene Blütenblätter und einen gelben Halbkreis aus. Die halbe Blüte klebst du auf.

Windlichter

4 Übertrage die Vorlage für den Schmetterling und schneide ihn aus. Verziere ihn mit Filzstift oder beklebe ihn mit Papierschnipseln. Für die Fühler klebst du 2 schmale Streifen auf die Rückseite, bevor du den ganzen Schmetterling auf dein Windlicht klebst.

5 Für die exotische Blume schneidest du ein 10 x 10 cm großes grünes Quadrat zu und rollst es auf. Falte 2 cm um und klebe sie fest. Mithilfe der Vorlage schneidest du 4 Blütenblätter aus und klebst sie auf beiden Seiten an den Stiel.

6 Umwickle ein Stück Blumendraht mit Blumenband und lege es oben um den Gefäßrand. Lasse 6 bis 7 cm abstehen, an die du die Blume klebst. Du kannst den Glasrand auch noch mit Blumenband bekleben.

Windlicht mit Blume

1 Mithilfe der Vorlage schneidest du etwa 11 Blätter aus grünem Krepp-Papier aus und klebst sie rundum auf dein Glasgefäß. Lasse sie etwas überlappen.

2 Schneide 8 rosafarbene Blütenblätter und 2 kleine grüne Blätter in Größe der Vorlagen aus. Klebe die Blütenblätter als Blume auf das Gefäß und stecke die beiden kleinen Blätter darunter. Als Blütenmitte klebst du einen großen gelben Punkt auf.

Kleines Windlicht mit Blättern

Schneide aus zwei verschieden grünen Krepp-Papierrollen so viele Blätter aus, dass du das ganze Gefäß damit bekleben kannst. Wechsle dabei die Grüntöne ab und lasse sie etwas überlappen. Zum Schluss bindest du eine Schnur oder ein Bastband um den Glasrand.

Achtung!
Lasse eine brennende Kerze niemals unbeaufsichtigt!

Blumenschmuck

Material
- Krepp-Papier
- Nähgarn
- Haarklammern
- Haarspange
- Broschennadel
- Lederband, 60 cm lang
- Klebstoff
- Schere
- Vorlagen von Seite 47

Haarklammer

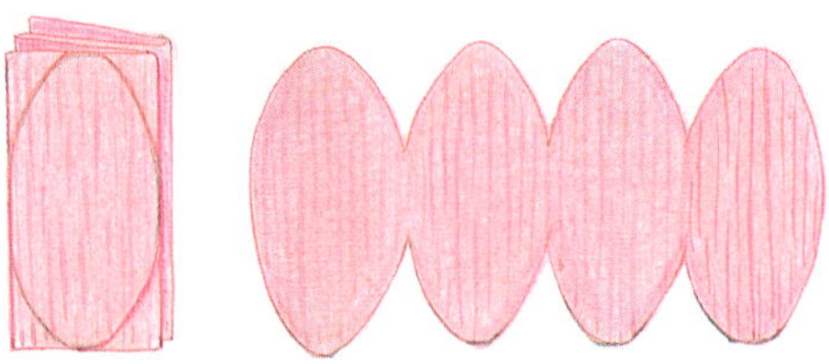

1 Für die Haarklammerblume faltest du einen 4 x 6 cm großen Streifen Krepp-Papier 4-mal. Dann überträgst du die Vorlage der Blütenmitte darauf, schneidest die 4 Lagen zusammen aus und faltest sie auseinander.

2 Höhle die Blätter aus (s. Seite 6) und rolle sie wie abgebildet zusammen. Klebe sie unten aneinander und umwickle sie dort 2- bis 3-mal mit Nähgarn.

3 Falte einen 4 x 15 cm großen Streifen Krepp-Papier 6-mal, übertrage die Blütenblattvorlage darauf und schneide alle 6 Lagen zusammen aus. Wickle die Blätterreihe um die Mitte der Blüte, klebe sie zusammen und umwickle sie alle unten mit Nähgarn.

4 Wickle 2 bis 3 cm breites Blumenband um den Blütenansatz und klebe die Blume auf die Haarklammer. Schneide mithilfe der Vorlage ein Blatt aus und klebe es darauf.

Blumenschmuck

Brosche

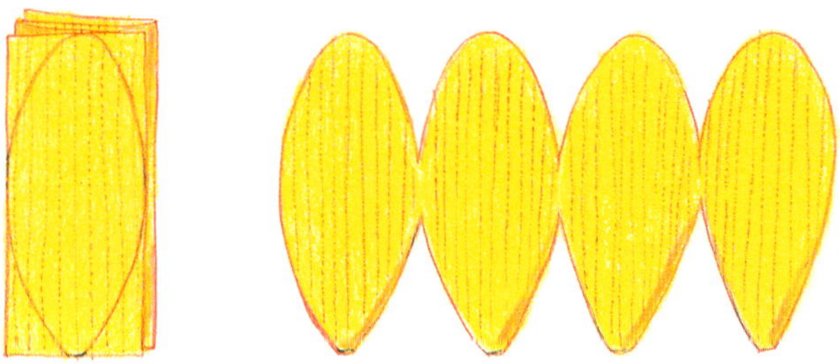

1 Falte einen 3 x 4 cm großen Streifen Krepp-Papier 3-mal zu 4 Lagen und übertrage die Vorlage für die Blütenmitte auf die oberste Lage. Schneide alle zusammen aus und falte sie auseinander.

2 Rolle die Reihe zusammen und klebe die Lagen dabei unten aufeinander, bevor du sie 2- bis 3-mal mit Nähgarn umwickelst.

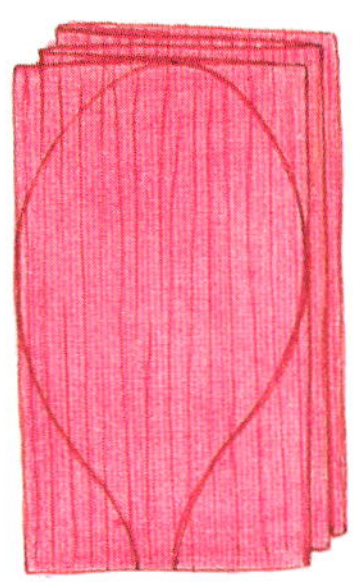

3 Falte einen 3,5 x 7,5 cm großen Streifen Krepp-Papier 4-mal zu 5 Lagen und übertrage die Blütenblattvorlage auf die oberste Lage. Schneide alle zusammen aus und falte sie auseinander. Wickle die Reihe um die Blütenmitte. Befestige sie mit Klebstoff und Nähgarn.

4 Befestige die Blume mit Nähgarn auf der Broschennadel. Schneide mithilfe der Vorlage das Blatt aus und klebe es fest, wobei du es um die Blüte wickelst.

Kette

2 Verknote den Stiel der großen Blume mit der Mitte des Lederbands und die Stiele der beiden kleinen Blumen rechts und links daneben.

1 Bastle eine größere Blume wie für die Haarklammer und zwei kleinere wie für die Brosche. Danach schneidest du 6 Blätter aus, die genauso groß sind wie das Blatt der Brosche.

3 Verdecke den Ansatz der kleinen Blumen, indem du ein Blatt um das Band klebst. So klebst du noch 2 weitere Blätter an.

4 Die Blätter zu beiden Seiten der großen Blume biegst du um das Lederband und klebst sie so fest, dass sie vorne herunterhängen. Knote das Band zusammen und ziehe die Kette über den Kopf.

Haarspange

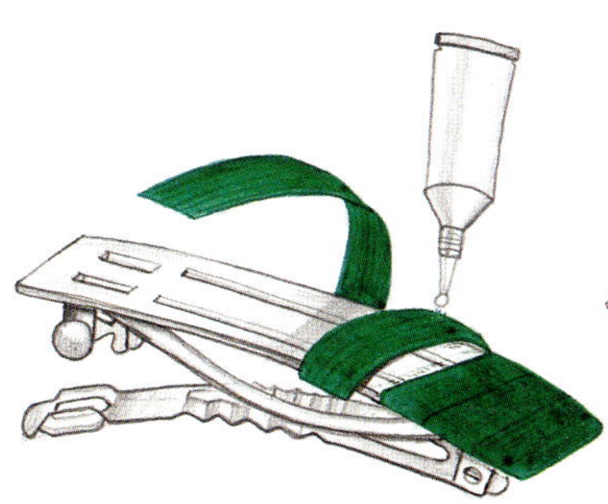

Umklebe den oberen Teil der Spange mit einem dunkelgrünen Krepp-Papierstreifen. Bastle 3 Blumen so wie oben beschrieben. Dabei vertauschst du bei der mittleren Blume die Farben. Klebe die 3 Blumen auf die Spange.

Handpuppen

Material
- Krepp-Papier
- 2 Styroporkugeln (Durchmesser 5 cm)
- Wattekugel
- Wackelaugen
- hübsche Bänder
- Stecknadeln
- Nähgarn
- Klebstoff
- Schere
- Filzstift

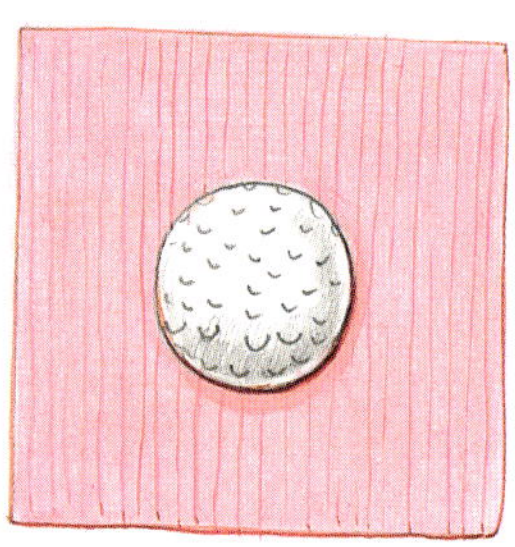

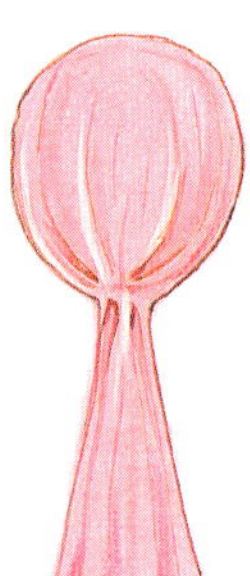

1 Für die großen Handpuppen schneidest du einen 20 cm großen Streifen in der Breite der Rolle zu. Lege die Styroporkugel in die Mitte und schlage sie wie abgebildet mit dem Krepp-Papier ein.

2 Binde das Papier unter der Kugel mit Nahgarn zusammen. Verdrehe das Krepp-Papier zu einem Stiel, den du unten mit Garn abbindest.

3 Schneide 30 cm von der Krepp-Papierrolle ab. Ziehe das Papier fest über die Kugel. Binde es unterhalb des Kopfes mit einem Band zusammen. Schlage die Seiten wie abgebildet ein und hefte sie aneinander.

4 Klebe die Wackelaugen auf und male mit dem Filzstift Nase und Mund.

5 Für die kurzen Haare falte einen 5 x 12 cm großen Streifen Krepp-Papier auf die Hälfte und schneide Fransen hinein. Für die langen Haare falte einen 12 x 27 cm großen Streifen und schneide 7 cm lange Fransen hinein. Falte ihn auseinander. Binde die Fransen mit Bändern zusammen. Klebe die Haare auf die Köpfe. Stecke sie auch mit Nadeln fest.

Für die kleine Handpuppe nimmst du für den ersten Schritt einen 15 x 25 cm großen Streifen und für den zweiten ein 25 x 25 cm großes Quadrat. Die Haare machst du dann aus einem 4 x 8 cm großen Streifen.

Gemüsekorb

Material
- Krepp-Papier
- Watte
- Klebstoff
- Schere
- grüner Filzstift
- dünner Blumendraht
- Blumenband
- Nähgarn
- Vorlagen von Seite 47

Kohlkopf

1 Für das Innere des Kohlkopfes schneidest du aus grünem Krepp-Papier ein 8 x 8 cm großes Quadrat aus, höhlst es aus (s. Seite 6) und legst einen Watteball hinein. Falte die Seiten darüber zusammen und klebe sie fest.

2 Schneide mithilfe der Vorlage 7 Blätter aus und höhle sie leicht aus, bevor du sie überlappend an die Unterseite des Kohls klebst.

Tomate

1 Schneide aus rotem Krepp-Papier ein 9 x 9 cm großes Quadrat aus. Höhle es in der Mitte aus (s. Seite 6) und lege einen Watteball in die Vertiefung. Verschließe es, indem du das Papier nach oben zu einem Stiel fest zusammendrehst und verklebst.

2 Schneide aus grünem Krepp-Papier einen 3 x 2 cm großen Streifen aus und klebe ihn um den Stiel herum. Male mit grünem Filzstift Linien für die Kerben auf.

Gemüsekorb

Lauch

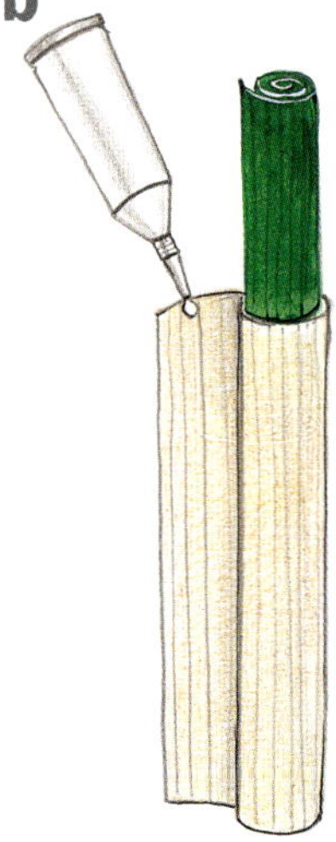

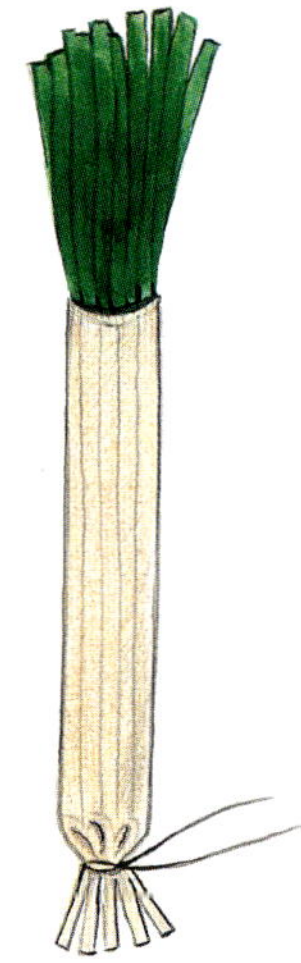

1 Schneide einen 6 x 8 cm großen hellbeigen und einen 10 x 8 cm großen grünen Streifen aus Krepp-Papier aus.

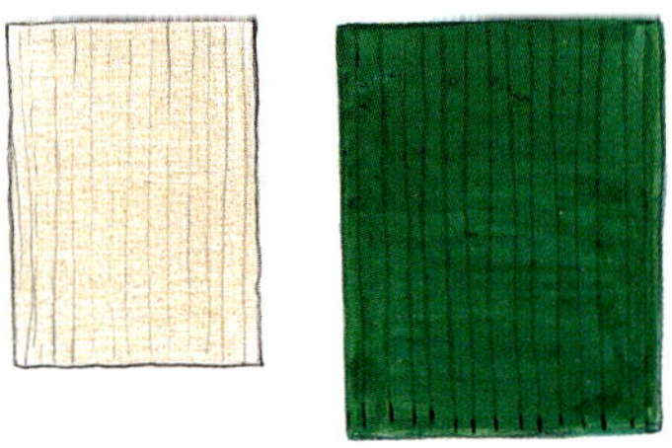

2 Rolle wie abgebildet zuerst den grünen Streifen zusammen, dann den hellbeigen darüber und klebe ihn fest.

3 Schneide in den grünen Teil oben 4 cm und den beigen Teil unten 1 cm tiefe Fransen. Binde die Stange unten mit einem Faden zusammen. Schneide ihn ab.

Karotte

1 Auf ein 7 x 6 cm großes orangefarbenes Rechteck aus Krepp-Papier legst du eine Rolle aus Watte.

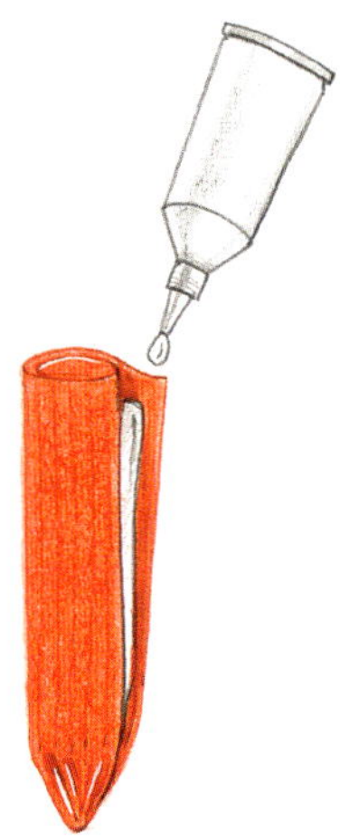

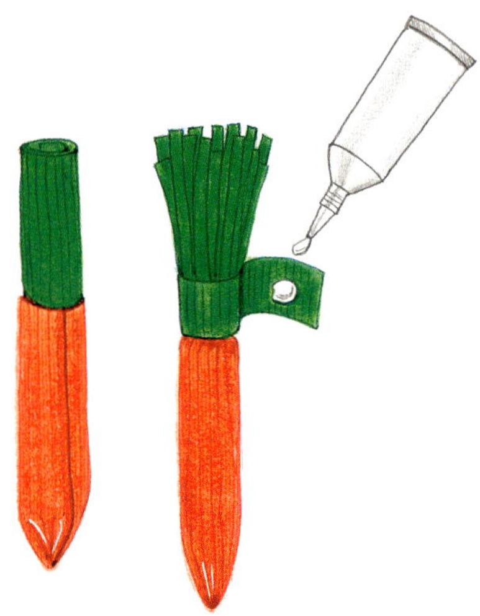

2 Wickle die Watterolle ein, klebe die Seitenränder aufeinander und die Papierrolle unten spitz zusammen.

3 Schneide einen 6 x 4 cm großen Streifen aus grünem Krepp-Papier aus, rolle ihn zusammen und stecke ihn oben in die Karotte. Beklebe den Übergang mit einem 1 cm breiten grünen Streifen. Schneide als Blätter Fransen hinein.

Kleiner Kürbis

1 Bastle mithilfe der Vorlage ein Blatt. Umwickle 15 cm Blumendraht mit grünem Blumenband.

2 Schneide ein 15 x 15 cm großes Quadrat aus orangefarbenem Krepp-Papier aus, höhle es in der Mitte aus (s. Seite 6) und lege eine Wattekugel hinein. Binde das Papier oben mit Blumendraht zusammen, nachdem du das Blatt dazwischengelegt hast.

Großer Kürbis

1 Schneide ein 30 x 30 cm großes Quadrat aus orangefarbenem Krepp-Papier aus, lege eine dicke Krepp-Papierkugel hinein und binde es oben mit einem Faden zu.

2 Schneide 5 cm lange Fransen in einen 8 x 25 cm großen grünen Krepp-Papierstreifen. Rolle ihn um den Kürbishals und klebe ihn fest. Mit einem schwarzen Filzstift malst du Augen, Nase und Mund auf.

3 Umwickle einen 15 cm langen Blumendraht mit grünem Blumenband. Binde ihn um den Kürbishals und verdrehe die Enden.

Partygirlanden

Material

- buntes und glänzendes Krepp-Papier
- elektrische Lichterkette
- bunte dünne Bänder
- durchsichtige dicke Plastikbecher (schwer entflammbar!)
- leere durchsichtige Filmdöschen
- Klebstoff
- Schere
- Cutter

mit Lampions

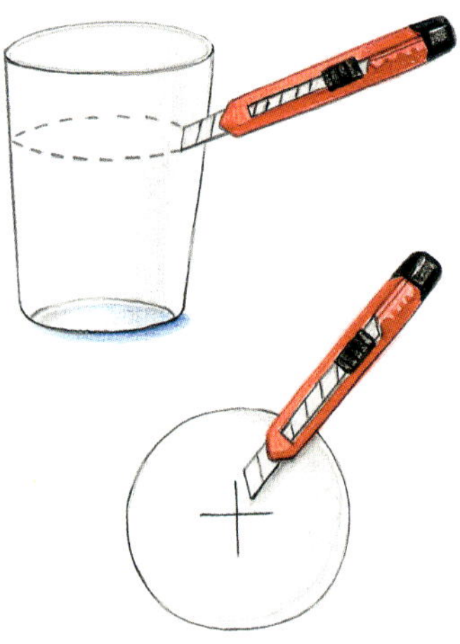

1 Bitte einen Erwachsenen, die Plastikbecher mit dem Cutter auf eine Höhe von 5 cm zu verkürzen und den Boden kreuzweise einzuschneiden. Du brauchst genauso viele Becher, wie deine Kette Lichter hat.

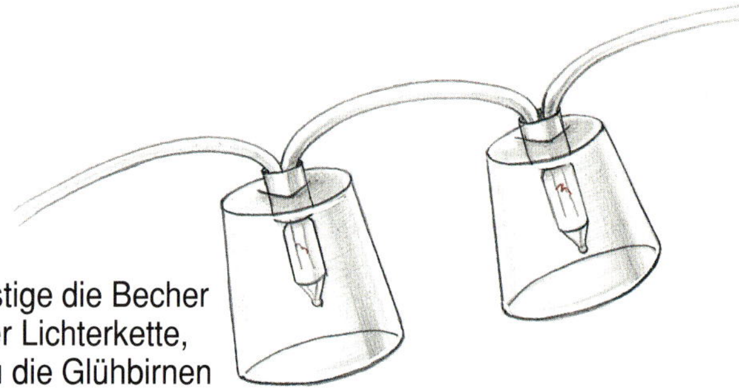

2 Befestige die Becher an der Lichterkette, indem du die Glühbirnen durch die Kreuze im Boden steckst.

3 Umwickle das Kabel der Lichterkette mit 2 cm breiten grünen Krepp-Papierstreifen. Klebe jeweils Anfang und Ende mit einem Tropfen Klebstoff fest.

4 Schneide aus Krepp-Papier aller möglichen Farben Streifen in zwei verschiedenen Größen aus: 20 x 13 cm und 20 x 9 cm. In die unteren Kanten schneidest du Fransen, Zacken oder runde Bögen. Lege dir etwa 12 cm lange Bänder zurecht.

Partygirlanden

5 Dehne die Streifen an der eingeschnittenen Seite, indem du das Papier aushöhlst (s. Seite 6).

6 Wickle erst einen breiten und darüber einen schmalen Streifen um die Becher und wechsle dabei die Farben ab. Schnüre das Papier über dem Becherboden mit einem Band zusammen und verknote es.

Achtung!
Lasse die Lichter der Girlanden nicht zu lange und niemals unbeaufsichtigt brennen!

mit Laternen

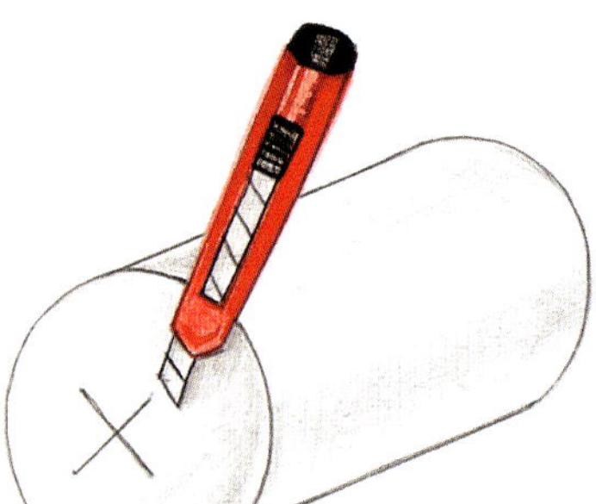

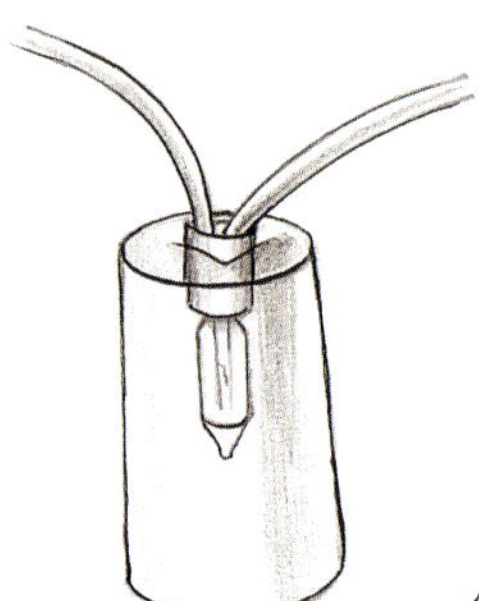

2 Umwickle das Lichterkettenkabel mit 2 cm breiten weißen Krepp-Papierstreifen und klebe jeweils Anfang und Ende mit etwas Klebstoff fest.

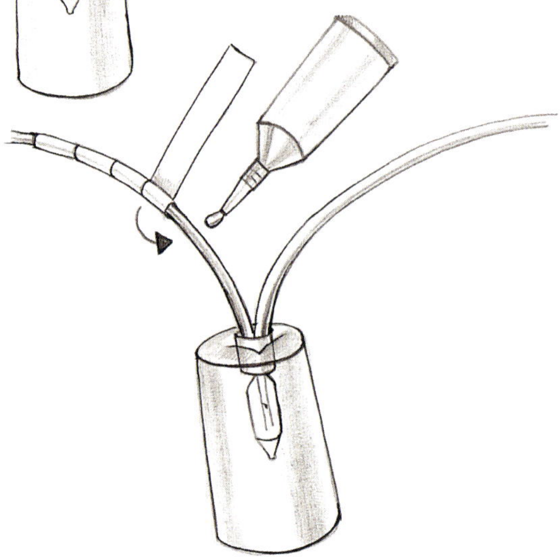

1 Bitte einen Erwachsenen, mit einem Cutter die Böden der Filmdöschen kreuzweise einzuschneiden. Befestige die Dosen, indem du die Glühbirnen bis zur Mitte der Fassung durch die Kreuze hindurchsteckst.

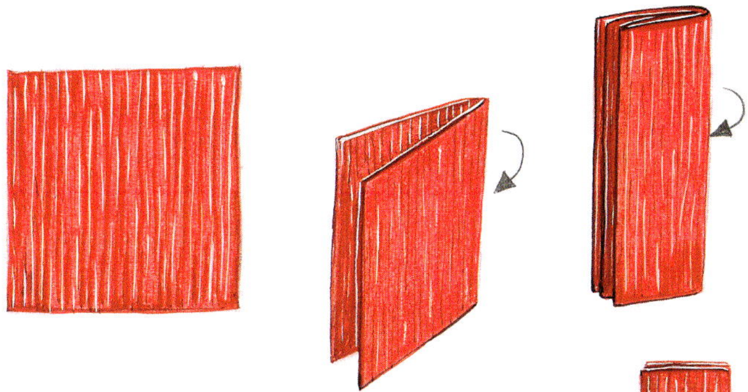

3 Aus glänzendem Krepp-Papier in allen möglichen Farben schneidest du Quadrate mit 11 cm Seitenlänge. Falte sie erst einmal und dann noch 2-mal auf die Hälfte und schneide wie abgebildet kleine Dreiecke in die Seiten. Falte sie auseinander.

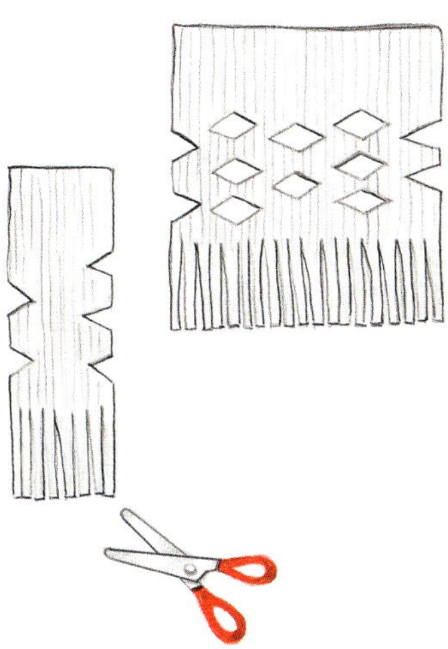

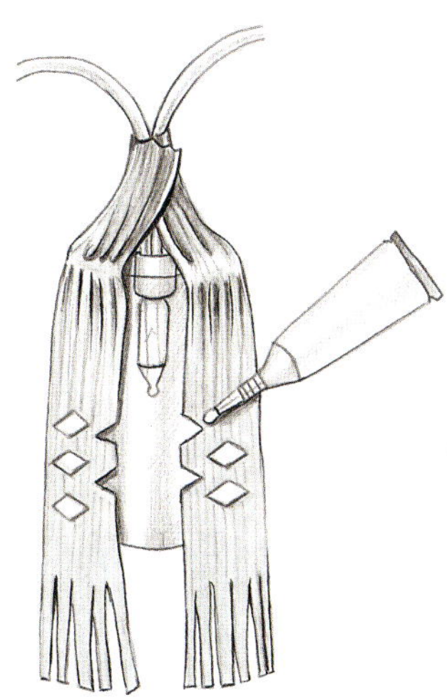

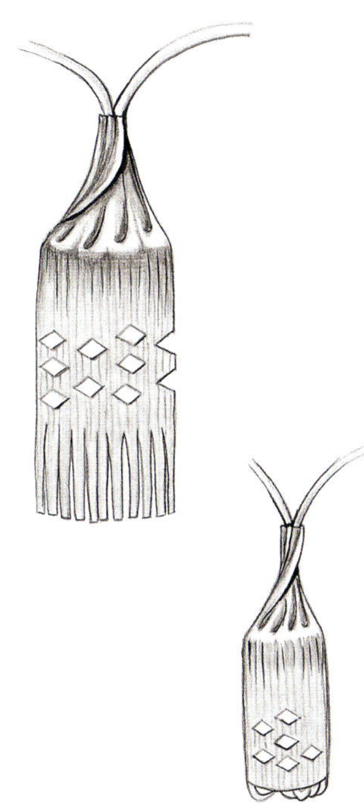

4 Genauso bearbeitest du 11 x 13 cm große Streifen aus silbernem Krepp-Papier. Franse sie unten aus.

5 Wickle die Streifen um die Dosen und klebe die Kanten aufeinander. Drehe das Papier oberhalb der Fassung zusammen.

6 Die ausgefransten Laternen bleiben, wie sie sind. Bei den anderen biegst du den Rand nach innen.

Es weihnachtet ...

Material

- buntes und glänzendes Krepp-Papier
- Styroporkugeln (Durchmesser 5 und 7 cm)
- Watte
- Klebstoff
- Schere
- Stecknadeln
- Gold- und Nylonfäden
- Bänder
- 1 Perle
- 1 Stecknadel mit Zierkopf
- Pompons (1 rosafarbener, 1 schwarzer)
- Wackelaugen
- Filzstifte
- dünne Schnur
- Zirkel

Kugeln

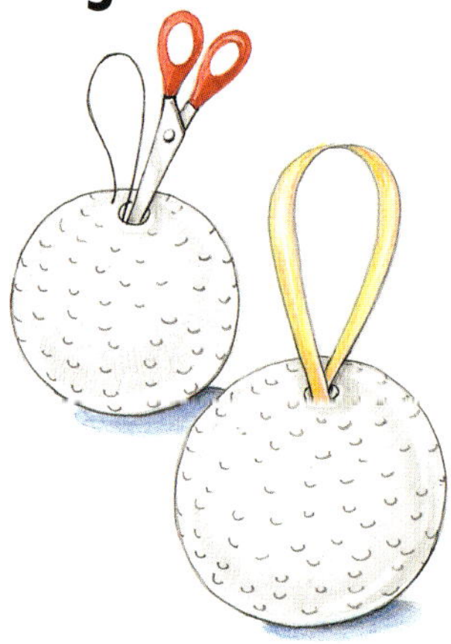

1 Bohre mit der Schere in zwei große Styroporkugeln je ein kleines Loch. Schneide 16 cm lange Nylon- und Goldfäden zu, falte sie auf die Hälfte und klebe sie in die Löcher.

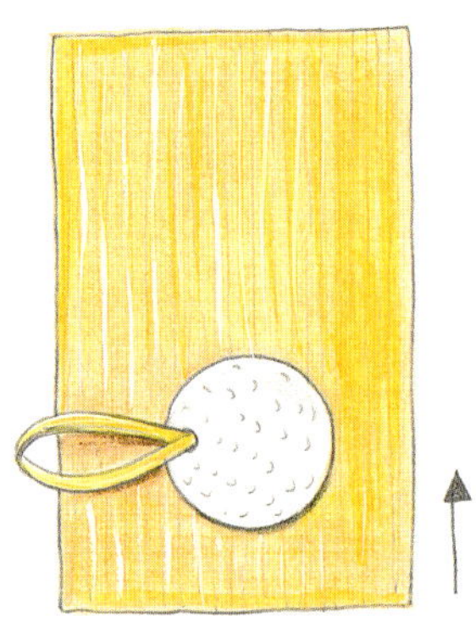

2 Aus glänzendem Krepp-Papier schneidest du einen roten Streifen (13 x 25 cm) und einen goldenen (20 x 25 cm). Wickle die Streifen um die Kugeln.

3 Bei der roten Kugel schlägst du oben und unten das überstehende Papier ein und befestigst es mit Stecknadeln. Schneide 4 Blätter aus grünem Glanzpapier und stecke sie paarweise mit einer Nadel fest.

4 Bei der goldenen Kugel schlägst du das Papier unten ein und befestigst es mit einer verzierten Stecknadel und einer Perle. Oben lässt du das Papier stehen und bindest es mit einem Band zusammen. Den Rand biegst du 1 cm nach innen.

Es weihnachtet ...

Weihnachtsmann

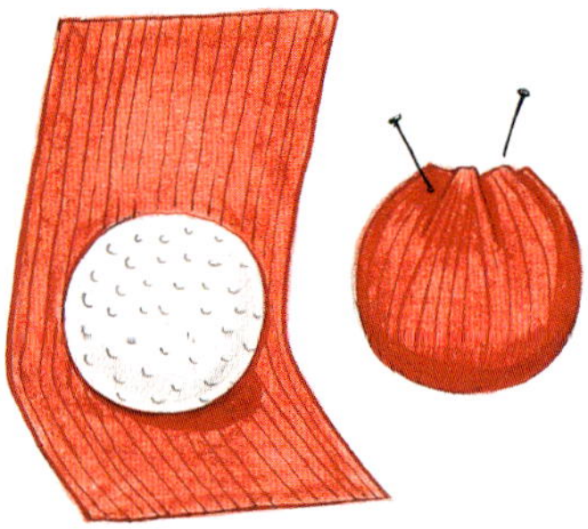

1 Wickle einen 10 x 20 cm großen roten Krepp-Papierstreifen um eine Styroporkugel. Schlage das überstehende Papier oben und unten ein und stecke es mit Nadeln fest.

2 Für den Kopf füllst du ein 9 x 9 cm großes rotes Krepp-Papierquadrat mit Watte und befestigst es mit Nadeln auf der Kugel.

3 Für die Mütze schneidest du ein 9 x 13 cm großes Stück Krepp-Papier zu. Wickle es so um den Kopf, dass es einen Kegel bildet, den du an der Spitze zusammendrückst.

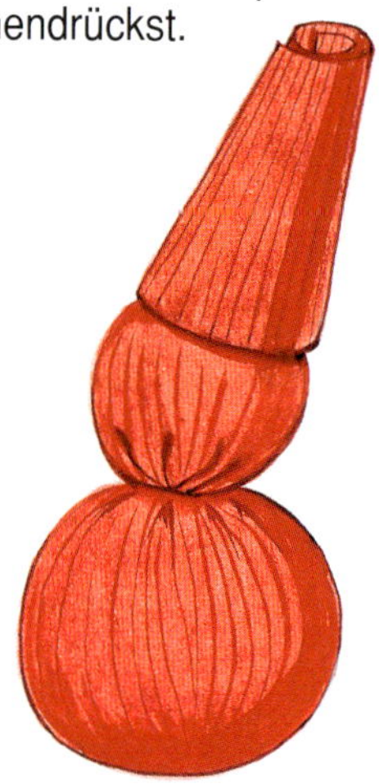

4 Klebe einen Bommel aus Watte an die Mütze und an den Kopf Bart, Augenbrauen und Haare. Dann kommen die Wackelaugen, eine Kugel für die Nase und rotes Papier für den Mund.

5 Aus einem runden Stück braunem Krepp-Papier (Durchmesser 12 cm) bastelst du einen Sack, den du mit Watte füllst und mit einer Schnur zubindest. Stecke ihn mit einer Nadel am Weihnachtsmann fest.

6 Einen 1 x 16 cm großen schwarzen Krepp-Papierstreifen klebst du als Gürtel um den Bauch und darauf ein kleines goldenes Quadrat als Schnalle. Binde zum Aufhängen einen dünnen Goldfaden um den Hals.

Schneemann

1 Den Körper bastelst du wie den des Weihnachtsmanns, nur mit weißem Krepp-Papier.

2 Für die Mütze wickelst du ein 5 x 9 cm großes schwarzes Stück Krepp-Papier um den Kopf, das du hinten zusammenklebst. Als Bommel klebst du einen Wattebausch an die Spitze.

3 Klebe 2 schwarze Punkte auf den Bauch, ins Gesicht Wackelaugen und als Nase eine Kugel. Den Mund malst du mit Filzstift.

4 Binde einen dünnen Goldfaden zum Aufhängen um den Hals. Hinzu kommt noch ein Schal aus einem 1 x 23 cm großen Papierstreifen.

5 Schneide aus braunem und gelbem Krepp-Papier je einen 5 x 9 cm großen Streifen aus. Franse den gelben aus und rolle ihn auf. Wickle den braunen darum herum und klebe ihn fest. Befestige den Besen mit einer Stecknadel am Schneemann.

Inhaltsverzeichnis

Windlichter Seite 22

Windlicht mit Schmetterling

Schmetterling

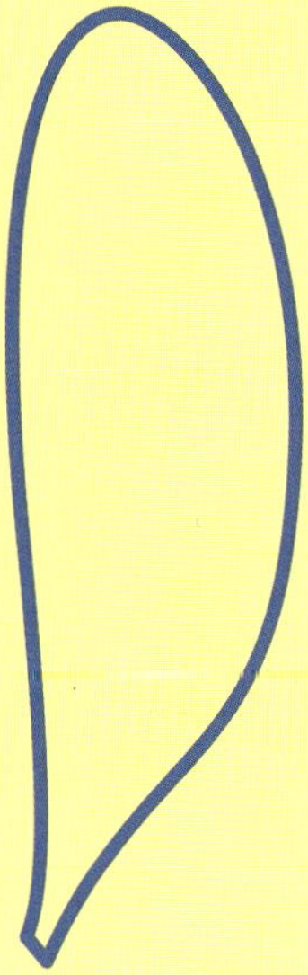

exotisches Blütenblatt

Windlicht mit Blume

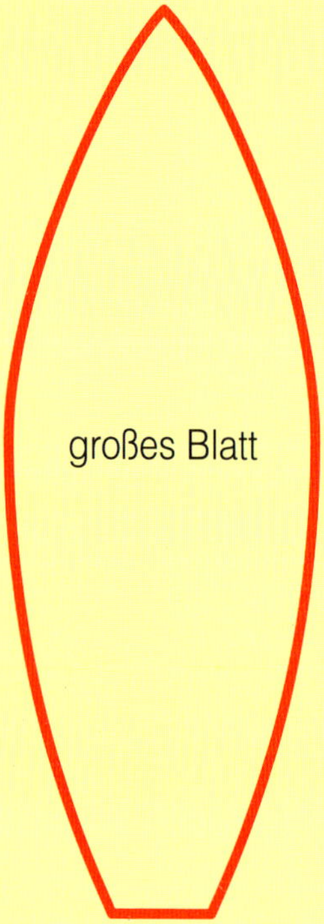

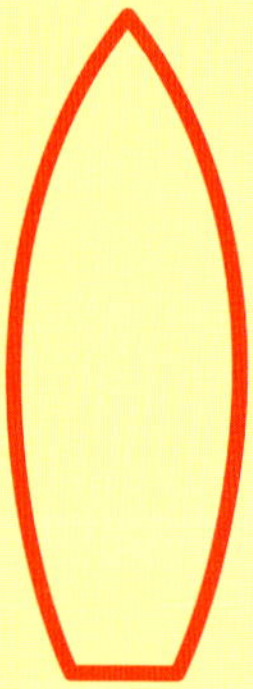

Blütenblatt

kleines Windlicht